대통령 문재인의 2년 화보집

대통령 문재인의 2년 화보집

더휴먼

국민들이 바라는 나라를 만들겠습니다.

지금까지 우리 경제가 강자의 경제였다면 이제는 공정한 경제로,

반칙과 특권이 난무하는 그런 시대였다면 이제는 역시 공정한 사회로,

양극화가 극심한 그런 사회였다면 이제는 함께 잘사는 경제로,

또 남북 관계도 대립과 전쟁의 시대에서 평화의 시대, 넘어서 협력의 시대로,

나아가서는 평화경제의 시대로

이렇게 발전시켜 나가겠다는 것이 저의 목표입니다.

문재인 정부 2년 특집대담 중에서

2019.5.9

영화 '1987'을 관람하기에 앞서 이한열 열사의 모친을 위로하는 문재인 대통령

2018년 1월 7일

방명록을 쓰는 문재인 대통령 옆에서 김정은 위원장이 박수를 치는 모습

2018년 5월 27일

순직 소방관 3인의 추모식에서 유가족을 위로하는 문재인 대통령

2018년 6월 6일

나라를 지킨 애국지사를 끝까지 기리겠습니다.

2018년 7월 3일

서울 구로구 행복주택 입주민들과 인사하는 문재인 대통령

2018년 7월 5일

신혼부부 및 청년 주거대책 행사를 마치고 시민들과 함께한 문재인 대통령

2018년 7월 5일

"아이를 위한 행복주택을 짓겠습니다" 미소짓는 문재인 대통령

2018년 7월 5일

일본군 위안부 피해 생존자 할머니와 인사를 나누는 문재인 대통령

2018년 8월 14일

문재인 대통령 내외가 광복절 기념식장에서 태극기를 흔들고 있다
2018년 8월 15일

광복절 기념식에서 독립유공자 유가족에게 건국훈장을 수여하는 문재인 대통령

2018년 8월 15일

제73주년 광복절을 맞아 국립중앙박물관에서 가장 오래된 태극기 (데니 태극기)를 살펴보며

2018년 8월 15일

9월 평양공동선언문에 합의한 남북 정상

2018년 9월 19일

평양 5월1일 경기장에서 손을 맞잡은 남북 정상

2018년 9월 19일

평양정상회담에서 판문점 회담 기념메달을 선물하는 문재인 대통령
2018년 9월 19일

평양 능라도 5월1일 경기장에서 15만명의 평양 시민에게 연설하는 문재인 대통령
2018년 9월 20일

남북 정상 내외, 백두산 천지에 오르다

2018년 9월 20일

국군유해봉환행사에서 6·25참전 전사자 앞에서 묵념하는 모습
2018년 10월 1일

해외동포 한인 지도자들과 인사 나누는 문재인 대통령

2018년 10월 5일

세계 한인의 날 기념식에서 축사를 하는 문재인 대통령

2018년 10월 5일

2018 대한민국 해군 국제관함식에서 해상사열을 보며 거수경례하는 문재인 대통령

2018년 10월 11일

프랑스 한불 우정콘서트에서 만난 BTS와 함께

2018년 10월 15일

로마 베드로 대성당에서 열린 '한반도평화 특별미사'에 참석한 문재인 대통령 내외
2018년 10월 18일

북악산 등산 중에 만난 시민들과 인사 나누는 대통령

2018년 10월 28일

일자리 예산안 연설을 마치고 국회를 나서는 문재인 대통령

2018년 11월 1일

김정은 위원장이 문재인 대통령에게 선물한 풍산개 곰이

2018년 11월 12일

싱가포르 지하철 차량기지 공사장을 찾아 웃음짓는 대통령

2018년 11월 15일

아르헨티나 동포의 눈물을 위로하는 문재인 대통령

2018년 11월 30일

청와대에서 크리스마스 트리를 장식하는 대통령 내외의 모습

2018년 12월 7일

"질문 있습니다!" 질문권을 얻기 위한 공세에 미소짓는 문재인 대통령

2019년 1월 10일

2019년 신년 기자회견을 하는 문재인 대통령

2019년 1월 10일

자영업·소상공인과의 대화에서 인사말하는 문재인 대통령
2019년 2월 14일

자영업·소상공인과의 동행

소상공인 참석자의 질문을 받아적는 대통령의 모습

2019년 2월 14일

유한대학교 졸업식에서 졸업생을 격려하는 문재인 대통령

2019년 2월 21일

안중근 의사의 묘비를 살펴보는 문재인 대통령

2019년 2월 26일

문재인 대통령 내외의 제100주년 3·1절 기념식장 입장

2019년 3월 1일

제100주년 3·1절 기념식에서 만난 어린이들과 함께

2019년 3월 1일

제100주년 3·1절 행사 중 만세삼창을 외치는 대통령 내외

2019년 3월 1일

해외 독립유공자 후손의 손을 잡는 문재인 대통령

2019년 3월 1일

해군사관학교 임관식이 끝나고 신임 장교들과 함께

2019년 3월 5일

국무회의장에 입장하는 문재인 대통령

2019년 3월 19일

물의 날 행사장에서 어린이들과 기념촬영 하는 문재인 대통령

2019년 3월 22일

외국투자기업인 간담회에서 제프리 존스 주한미상의 이사장과 함께
2019년 3월 28일

강원도 고성, 인제군 산불피해 주민들을 위로하며

2019년 4월 5일

군 진급 장성들의 신고를 받는 문재인 대통령

2019년 4월 5일

황운정 애국지사에게 건국훈장 애국장을 헌정하는 문재인 대통령

2019년 4월 21일

대통령 문재인의 2년 화보집

초판 1쇄 펴낸 날 2019년 5월 31일

엮 은 이   편집부
펴 낸 이   장영재
펴 낸 곳   (주)미르북컴퍼니
자 회 사   더휴먼
전   화   02)3141-4421
팩   스   02)3141-4428
등   록   2012년 3월 16일 (제313-2012-81호)
주   소   서울시 마포구 성미산로32길 12, 2층 (우-03983)
E - m a i l   sanhonjinju@naver.com
카   페   cafe.naver.com/mirbookcompany

(주)미르북컴퍼니는 독자 여러분의 의견에
항상 귀 기울이고 있습니다.

파본은 책을 구입하신 서점에서 교환해 드립니다.
책값은 뒤표지에 있습니다.